탱자나무 울타리

이 청 춘 시집

도서출판 문예사조

탱자나무 울타리

모든 사물을
아름답다고 생각하면
더욱 아름다워 보인다.

그리고 아름다움을 느낄 때
행복해진다.

아름다움을 표현할 때
행복은 배가 된다.

나는 오늘도 행복을 위해
시를 쓰고 있다.

2023년 8월

연호(蓮湖) 이청춘

Contents

Contents

제2부 지붕 위 누렁이

Contents

Contents

제3부 내 것

Contents

시조

제4부 늦가을 국화산장

Contents

1부

꿈을 파는 엿장수

꿈을 파는 엿장수/ 눈 감으면/ 찻잔의 행복/ 가로등불/
한강과 노신사/ 노부부 사랑/ 두 배로 지하철/ 영원한 행복/
고맙습니다/ 빗속에 떨다/ 내 반쪽/ 내일이 없었으면…/
부부(夫婦)/ 사랑은 사치니까/ 보리 줍던 고향 친구/
북극성/ 천년향/ 청산 마루

꿈을 파는 엿장수

매주 수요일이면 찾아오는 엿장수
가위를 신바람 나게 친다

동네 아이들 떨어진 고무신 빈 병 들고
모여들어 동네 한 바퀴 따라 도는데

엿을 주며 멋진 꿈도 같이 판다
손가락이 길고 예쁘다고 음악선생
눈동자 빛난다고 육군 대장
깡이 있다고 국가대표
나는 잘 웃긴다고 예술가

그 꿈은 오래도록 자라고 익어
음악선생 장성(將星) 레슬링 선수가 되었다

나는 늦게나마 시를 쓴다
엿장수는 꿈을 파는 예언가였다.

눈 감으면

조용히 눈 감으면
살아온 세월 후회할 일 참 많다

아내에게 화낸 일
친구들과 싸운 일
자식에게 야단친 일
지나고 보면 사소한 일 왜 그랬을까

살다 보면 있을 수 있고
위로받을 수 있지만

오직 하나 밤새워 후회하고 뉘우쳐 봐도
나를 용서 못 할 불효가 있다

남들은 다 부유하고 행복한데
왜 우리 집만 가난하고 불행할까

아버님께 대들며 하소연하자
아무런 말 없이 먼 산만 보고 계시던
아버지 나의 아버지

밤새워 후회하고 뉘우쳐 봐도
용서 못 할 불효를 했다

아버지 불효자식 용서하소서.

찻잔의 행복

찻잔에 분홍 꽃잎 살포시 띄우면
물에 떠 방긋 웃는 그대 얼굴

한 모금 마시려다 차마 못 마시고
참 어여쁘다 속삭이네

또 한 모금 마시려다 차마 못 마시고
제발 가지 마오 사정하네요

그대 얼굴 보고프면
이제부턴 찻잔에 분홍 꽃잎 살포시 띄울래요.

가로등불

어둠에 초록빛 등불 높이 매달려
긴 골목 비추고 있다

고즈넉한 밤길 분주히 걷다가
가로등 불빛 아래 발걸음 멈추고
어린 시절 하굣길 날 기다리던 누나 생각에
지그시 눈을 감네

가로등 불빛 아래 맴도는 벌레들도 내 마음 같아야
밤새도록 주위를 맴돌고 있나

감나무 가지에 걸려 있는 달을 보며
날 기다리던 누나 생각에 눈시울을 붉힌다.

한강과 노신사

추위가 파고드는 어느 봄날
한강변을 웅크리며 걷고 있었다

혈혈단신 유학 시절 가난과 외로움으로
악몽에 시달리는 시기였다
장송(長松)숲에 떨어진 작은 씨앗 하나
움이 트고 자라날 기미조차 보이지 않았다

어슴푸레 별빛도 보이지 않는 밤
돌부리에 많이도 채였다

어느 순간 긴 그림자 노신사가 같이 걸으며
"젊은이 무슨 고민이 그리 많나?
그 짐은 짊어지고 가야 할 짐이라네, 먼 길 걷다 보면
알게 될 거야." 말하고 어둠 속으로 바로 사라졌다

깊은 잠에서 깨어난 듯했다
파란 강물에 너울이 보이고
하늘에 성긴 별빛이 유난히 빛났다

그 후 무거운 짐 숙명으로 받아들이기로 했다
무거워 힘들 때는 선경(仙境)에서 온 듯한 노신사 생각하며
말없이 앞만 보고 걸었다

누군가 "짐이 무겁지 않냐."고 물을 때
미소 지으며 말한다
108번뇌 쉬이 벗어 던지는 큰스님 흉내
내보려 하나 쉽지 않다고

하지만 그동안 나는 하는 일에 불편은 있을지 몰라도
결과에 항상 행복해 했다

지금도 나는 가끔 한강변을 거닐며
노신사를 그리워한다.

노부부 사랑

머리에 핀 하얀 싸리꽃
자식 자랑 표징(表徵)이구려

이마의 주름은 사랑 고인
아름다운 이랑이구나

잔소리도 할 수 있어 좋으니
맘껏 하구려
입으로 연주하는 소리 즐거운 음악

뭐든 그냥 예뻐 보이는 노부부 사랑.

두 배로 지하철

출근길 지하철역
숨소리도 가쁘다

문이 닫히는 순간 넘어질 듯
틈새를 끼어들어와
겸연쩍게 웃으며 깊은 한숨 내뱉는 아가씨

바삐 화장을 하더니
긴 눈썹까지 붙인다

승객들 빙그레 미소 보낸다
꽃처럼 피어난 얼굴 더 환하다
출근 시간 두 배로 쓰는 아가씨
미소 절로 피어난다.

영원한 행복

영혼의 꿀단지
행복이 녹아 내리는 사랑

부부 연(緣)을 후생에도 이어서
즐겁게 살자고 속삭일 때

영혼의 꿀단지
행복이 녹아 내리는 사랑.

고맙습니다

아침에 일어나 고맙습니다
밥 잘 먹고 고맙습니다
엄마 사랑 고맙습니다
하늘 아래 푸른 숲 고맙습니다
봄비를 내려줘서 고맙습니다
화사한 들꽃 향기 고맙습니다
좋은 친구 만나줘서 고맙습니다
오늘 하루 무사해서 고맙습니다

어둔 밤 주셔서 고맙습니다
잠잘 집 주셔서 고맙습니다
잠자기 전 일기 쓰고 시 쓰니 고맙습니다
나날이 행복한 일 고맙습니다

튼튼한 네 발로 걸을 수 있어 고맙습니다
눈 코 입 귀로 보고 냄새 맡고 말하고
먹고 마시고 들을 수 있으니 더욱 고맙습니다
고맙단 말 들어주신 하느님 고맙습니다.

빗속에 떨다

추적추적 비가 내리는 날
호숫가 이리저리 숲길 걷는데

난데없는 먹구름 하늘 뒤덮고
우르릉 천둥 번개 콩 볶듯 하네

우리 부부
길 가운데 두꺼비처럼 부둥켜안고
번쩍이는 칼날 피해
두 눈을 꼭 감았네

파들파들 떨리는 심장 소리
가슴이 터져 호수는 이미 물바다

여보 미안하오
내가 당신 위해 할 수 있는 게
아무것도 없구려.

내 반쪽

술친구 잃는 것은 낙을 잃는 것이지만
잠시 잠깐 고뇌 후에 또 사귀면 그만이요

친한 벗을 잃는 것은 의미를 잃는 것이나
힘들어도 어떻든 견디어 본다지만

내 반쪽 잃는 것은 영혼을 잃는 것이니
영혼을 잃는다면 다 잃는 것이니
살아생전 보살피고 보물처럼 아껴야지.

내일이 없었으면

추수 끝이라서 농촌길 스산한데
찌르레기 울음소리 가을을 재촉하네

오늘은 운수 좋은 날
그립던 그녀가 말없이 찾아와
가슴이 부풀어오르네

흙냄새 취하며 벌레 소리 벗삼아
꼬부랑 논둑길을 걷노라니 별빛이 비춰 주네

볏단 위에 나란히 누워
하늘나라 총총한 별들 가만히 헤어보네

별 하나 별 둘…
이 별들 다 헤아릴 때까지 동이 트지 않기를….

부부(夫婦)

앞서가면 같이 가자 따라오고
뒤처지면 빨리 오라 재촉하며
우리는 언제나 동행하는 동반자

살다 보면 취미도 같아지고
생각도 같아지고
얼굴도 닮아 가네

그래서 우리는 천생연분 연리지(連理枝)라네.

사랑은 사치니까

창 밖에 라일락 향기 그윽하여
주인은 문 열고 신선한 향기 마시네

열린 문 바라보니 공원에서 만났던
복실 양이 보고 싶어지네

그래, 오늘 사랑 고백해 볼까
달리자, 큰길을 건너고 좁은 길을 지나
계단을 한참 올라가니 기다렸다는 듯
복실 양이 현관문을 할퀴고 있네

우린 만나자마자
인적 없는 지하 주차장으로 갔지

둘만의 만남 장소로는 그만이지만
낮과 밤이 몇 번 바뀌니까
배고프고 찾는 이 없어 자꾸만 불안해지네

허기가 깊은 잠 몰고 오는데
어디선가 "새롬아."
부르는 소리 점점 가까이 다가오네

힘껏 짖으며 달려 나가자
나를 덥석 껴안으며 주인은 눈물을 글썽이네

훈훈한 집에 돌아와 맹세했지
바람피우지 말자, 사랑은 사치니까.

보리 줍던 고향 친구

쏟아지는 햇살이
청보리밭을 누렇게 물들이는 6월

보리 거둬들인 뒷자리엔
농부의 땀방울인 이삭이 여기저기 흩어져 있지

초등학교 시절 친구와 난 방과 후엔
사래 긴 보리밭에 이삭을 주워 신주머니
가득 주워 오곤 했지

동네 아주머니 어여삐 여겨 보리 사 주면
친구와 얼싸안고 동네 한 바퀴 돌았지

6월이면 보리 이삭 줍던
단짝 친구 몹시 그리워진다.

북극성

두견새 우는 삼경(三更)이면
창 밖에서 날 부르는 친구

행복했던 일 슬펐던 일
소곤소곤 이야기하면

내 이야기 다 들어주는 친구
비밀 다 지켜 주는 믿음직한 친구

칠 형제 중 맏이로서 북쪽 자기 자리
항상 지키는 친구

나 외롭지 않네
헤어질 염려 없는
영원한 친구가 있으니까.

천년향

하늘과 땅이 맞닿은 고지 숲속에
아침고요수목원이 푸근히 앉아 있네

수목원 꽃길 따라
우뚝 솟은 언덕에 오르면
천년을 지켜온 향나무
이 고을 촌장님이시네

모진 긴 세월 풍상(風霜)에 시달려
몸은 비록 헐벗어 앙상한 뼈만 남았어도
기상은 청춘이요
지혜로운 삶의 자태 인자함이 묻어나네

꽃들의 숨소리 잔잔한 바람으로
천년의 향기 실어 은은하게 퍼지니
주위에 노송들도 고개 숙여 감사하네

먼 길 나는 산새들 문안차 찾아오고
매미들 축하 연주 흥을 더욱 돋우는데
만개한 수국은 함박웃음 짓고 있네.

청산 마루

보이는 건
파란 하늘과 푸른 산
쏟아지는 불타는 새벽 햇살

들리는 건
아침을 여는 박새 소리와 목청껏 울어대는 매미 소리
간혹 높은 나뭇가지 까치 소리뿐

숲을 헤집은 칼바위 곁에
나 홀로 가만히 눈을 감으니
잎새에 이는 바람에 뻐꾹새 되어 하늘을 난다

고요한 산마루 아침을
푸른 들판 파란하늘 마시며
청아한 마음으로 시작한다

나 여기 청산 마루
오래 머물러
푸르게 물들고 싶다.

사랑하는 자여
네 영혼이 잘됨 같이
네가 범사에 잘되고
강건하기를
내가 간구하노라
(요한3서1:2)

2부

지붕 위 누렁이

지붕 위 누렁이

마파람에 먹구름 천지를 뒤덮어
별빛 집어 먹고 동네를 삼키더니
하늘 열고 물동이 쏟고 있네

동네 고샅에 물이 차올라
창문 두드려도 주인아줌마 말이 없구나

물이 점점 차올라
처마 밑까지 차올라
닭도 날아가고 돼지도 간 데 없네

엉겁결에 용마루에 올라오니
출렁이는 물결 소리가
온 마을을 뒤덮었네

숙더라도 주인아줌마 보고 죽어야 하는데
정신이 깜박깜박 졸고 있을 때

먼동 트는 언덕에서
"누렁아." 날 부르는 소리

정녕 틀림없는 주인 목소리
이제는 됐다 깊은 잠에 빠진다.

낙엽

우리 사랑 단풍 되어
한 잎 두 잎 떨어지는 날
서로 만나 알밤처럼 여물자고 약속했지요
오늘 단풍나무 아래서 나는 기다립니다

찬 서리에 빛 바랜 단풍
우수수 떨어지는 날
시리도록 보고파 발을 동동 구르며
깊은 그리움에 빠질 겁니다

성긴 가지에 듬성듬성 매달린 단풍
스치는 바람에도 애처롭게
안녕을 걱정하며
정말 애절하게 기다릴 겁니다

마지막 잎새
힘겹게 줄타기할 때
애끊는 심정으로 기다릴 겁니다

마지막 잎새마저 지고 말면
피맺힌 이별 노래 부를 겁니다.

설악산 주전골

산은 하늘에 다다르고
산허리 구름 속으로 기러기 떼 빠져드는데
칼바위 계곡마다 오색물감 뿌렸구나
노승도 가던 길 멈추고 먼 산 보라 하네

열두 폭포 기암절벽 붉은 치마 속에서
에메랄드 녹수(綠水) 쏟아지는데
새 소리 바람 소리 잠재우고
선녀들 목욕하는 텀벙 소리 들리는 듯

성국사 앞마당은 낙엽만 나뒹굴고
주승(主僧)은 어디 가고 바람만 그윽한데
아름드리 은행나무 역사책을 읽고 있네.

장미

앞집 담장 위 불이 났네요
빨간 불꽃에
노랑 나비 앉으려다
앗 뜨거 멀리 날아갑니다

물 주고 가꾸지는 않았지만
발길을 멈추고 붉은 사랑 쏟아 봅니다
입술이 겹겹으로 포개어진 한 송이
당신은 정말 성모마리아입니다

차마 만져 보긴 손이 부끄럽고
꽃병에 꽂아 두고 보기엔 죄스러운
이러지도 저러지도 못 하는
영원한 나의 사랑입니다.

빈로드 연리지(連理枝)

하늘 아래 통진 마을 언덕에
너와 나는 운명처럼 서로 만났지

발가벗은 순결로 고된 세월 이겨 내며 사랑을 나누었지
짓궂은 어린아이 세찬 바람 가까이 오면
우리는 힘껏 껴안아 목숨줄 지켰지

오가는 길손 품에 들면 손바닥 넓게 펴
땀도 닦아 주며 시원한 그늘 만들어 주었지
손 맞잡고 밀담 나눌 때는 나도 짜릿했거든

삼백 년 산 세월이 엊그제 같은데
요즈음은 미풍에도 발이 시려워
무릎관절 닳아졌나 서 있는 게 힘에 겹네

동네 사람 알아주던 고운 피부 주름 잡히고
검은 머리 흰 서리 내려도 하늘 향해 두 팔 벌려
만세 부르지, 그래도 나는 이 고을의 살아 있는 역사이니까.

진달래꽃

진달래 피는 봄이 오면
나의 봄은 사무친 그리움에 병이 됩니다
먼 옛날 진달래꽃 꺾어 주며 헤어지던 날
그날을 잊기가 정말 어려워

진달래 피는 봄이 오면
나의 봄은 사무친 그리움에 병이 됩니다
그날의 그리움을 달랠 수만 있다면
진달래꽃 한 아름 꺾어 바치오리다

진달래꽃 피는 봄이 오면
나의 봄은 사무친 그리움에 병이 됩니다
내가 죽어 진달래꽃 숲을 이루면
꽃그늘 찾아와 머물다 가시구려.

나무늘보의 행복

조각구름 어리는 파란 하늘 바라보며
낮잠을 즐기는 나무늘보 귀족 출신

높은 나뭇가지 매달려 땅을 보면
세상사 고뇌 따윈 바람결 티끌

오후 나절 산그림자 길게 뻗치면
부엉이 독수리 재규어 먹이 사냥 나서지만
나무늘보 털북숭이는 나뭇가지 닮아서
마음 놓고 아삭한 나뭇잎 식사

쓸개 빠진 바보처럼 웃는다고 놀리지 마라
100미터 달리듯이 앞다툴 이유가 어디 있으랴.

해돋이

청잣빛 고운 물결
불그스레 열리는 하늘

봉황이 죽지를 펴고
여의주 물고 나오네

해야 솟아라
해야 솟아라
붉은 해야 높이 솟아라

해야 비춰라
해야 비춰라
멀리멀리 비춰라

깊은 계곡 도룡이도 깨우고
잔설(殘雪) 녹여 홍매화도 깨워서
금수강산 꽃동산 만들어 보자.

원미산 진달래꽃

연분홍 고운 꿈 피우기 위해
산등성 매서운 바람 견뎌내어
가지 끝마다 어여쁜 꽃 터트렸구나

연분홍 고운 비단 산허리를 휘감아
황홀함에 눈부신 작은 멧새들
가지 꽃그늘에
잠시 쉬어 가라 하네

어여쁜 고운 자태
향기로운 꽃내음
바람 다고 흘러흘러
고개 넘어 벌 나비도 춤추며 찾아오네.

민들레

산들바람 불던 날
낙하산 타고 먼 길 떠났지

어디만큼 가다가 내려앉은 곳
깡마른 돌밭이었지

살려 주세요! 애타게 기도했더니
어디선가 구원의 바람 불어와
클로버와 잔디 사이에 내려 주었지

아장아장 내리는 봄비 마시고
파란 날개 활짝 펴고
함박웃음 노란 꽃을 한껏 피웠지

길 가던 숙녀들이
발 멈추고 어머어머 칭찬하네

예쁜 칭찬에 내 영혼이 맑아지네
더 노란 함박웃음 세상 가득 피워야지….

벚꽃길 걷다 보면

벚꽃길 홀로 걷다 보면
그대 모습 사뿐사뿐 나타나
팔짱을 끼자 하네

꽃을 사랑했던 그대 향기
그윽이 스며들어
그리운 옛 생각 선명하게 떠오르네

꽃잎에 부는 바람 한 잎 두 잎 나부끼니
그대 모습 지워질라 내 마음 서글퍼라

그대 지고 말 잎이라면
냇물에 함께 떨어져 그대 따라 동동 흘러가리리.

파란 하늘에

파란 하늘에 물방울 떨어뜨리면
옥구슬 되어 미끄럼 타겠지

파란 하늘에 나뭇잎 날리면
호랑나비 되어 훨얼훨 날아가겠지

파란 하늘에 내 마음 띄우면
한 조각 흰 구름 되어 유유히 흐르겠지.

서비스

아주 오래 전
급한 일로 여수 출장을 간 일이 있었다
비행기를 처음 타보는 순간이었다

이륙 직전 가족들 얼굴이 떠오르고
호흡이 가빠지는 걸 느끼며
잘못한 일들을 가슴에서 끄집어 내고 있었다

비행기가 이륙한 후
스튜어디스가 다가와 "음료수 마시겠어요." 한다
나는 고개를 저었다

다음에 또 와서 "어느 신문을 읽어 보시겠어요." 한다
이번에는 고개를 더 세게 저었다
아직도 긴장이 덜 풀린 것 같다

여수에 내려서 창피하지만 동료에게 물었다
"돈은 무슨 돈, 그것은 서비스야." 한다

내가 얼마나 작아 보였는지
비행기 안에서보다 더 많은 땀을 흘렸다.

야생화

텃밭 모퉁이
빨간 꽃 한 송이

아침 햇살 오기 전에
꽃 한 송이 피우려고
밤새도록 몸부림쳤나

잎마다 피맺힌 눈물
방울방울 눈물도 자홍 구슬이네

그 눈물 내 가슴에 뿌리 뻗어
너의 그리움 아프게 피우리라.

무궁화 바라보며

치마폭 늘이고 바람결에 나부끼며
사뿐히 걷는 모습 연분홍 새색실세

연한 듯 강인한 가지마다 고운 잎새
꽃눈마다 봉오리는 피고 지고 피고 지고

방그레 피는 꽃은 누나 모습 닮아서
가슴 속 품어 보는 민족의 얼이로다

화심(花心)에 진한 불빛 맥을 따라 밝히시니
험한 세상 별빛일세.

강아지풀

보드라운 꼬리로
잠자는 아이놈 콧등을 간질이면
찡얼대며 파리 쫓듯 허공을 휘젓는다

하는 짓이 우스워 자꾸 하고 싶지만
선잠 깨면 동네가 시끄러워
잠시 꼬리 접는다

심술쟁이 심술보
이번에는 꼬리에 물 묻혀
손등 쓰다듬으니 새록새록 잘도 잔다

꿈 속에선 강아지풀 엄마 손이 되었나 보다.

덕진공원에서

팔각정 뜰 앞에 셀 수도 없는 연꽃
고운 꽃평선 하늘에 맞닿아

영롱한 꽃빛 눈부시어
새들도 비껴 나네

연한 꽃대 진흙에서 밀어 올려
고뇌로 피운 등불

연분홍 고운 자태
만인의 연인이구나.

개화산

구룡거사 참선하던 자리
한 송이 꽃이 피어 개화산이라 전해 오니

산봉우리 계곡마다 진달래꽃 물들어
등산객들 땀방울도 영롱한 주옥이네

숲 속의 새들은 어찌 그리 시끄러운가
신이 나서 웃는 걸까 슬프다 우는 걸까

나뭇가지 끄트머리 화살촉처럼 부풀어
가는 가지 꺾어서 멀리멀리 쏘아 볼까

뜰 아래 김포평야 푸르게 물들었고
물찬 제비처럼 날아가는 비행기는
쉴 틈 없이 하늘이랑 쟁기질하네.

질경이

나는 질경이
땅을 가리지 않고 잘 자라
붙여진 이름이란다

비록 작고 볼품없어 보이지만
함부로 밟지 마라

상처투성이
돌보는 이 없어 괴로워진다

나도야, 태고시엔
할매 집에 불려가
어린 손주 치유하곤 했단다.

코스모스 고향 집

코스모스 곱게 피는 가을이 오면
고향이 그리워지네

동네 외딴 초가집에
코스모스 꽃동산을 이루면

해님맞이 꽃님들 단장을 하고
오가는 길손에게 행복을 주네

빨갛게 물들은 고추잠자리
한들한들 춤추는 꽃잎 따라
하늘을 빙빙 도네

코스모스 곱게 피는 가을이 오면
고추잠자리 되어 나 고향으로 날아가네.

공원길

남녀노소 울긋불긋
앞서거니 뒤서거니
공원 한 바퀴
사람띠 원을 그리네

이마에 땀방울 송골송골 맺히고
호숫가 노오란 산수유
상춘객(賞春客)을 반겨 주네

주인 따라 멍멍이도
깡충깡충 뛰어놀아
한마당 봄나들이 즐거움을 더하네.

쇠소깍

한라산 지하수 먼 길 흘러
기암절벽 깊은 호수 이르니
녹수(綠水)에 파란 하늘 잠겨 있네

선녀들 놀던 물에 나룻배 홀로 앉아
새 소리 바람 소리 벗 삼으니
세상사 한낮 뜬구름 같구나

만경창파 남해에 흘러드니
풍선처럼 부푼 가슴
하늘을 난다.

서우제당(犀牛齊堂)

함덕해수욕장 바라보는 서우봉 자락에
서우제당 잠든 별들이 서려 있다

제당 돌 틈새 이끼 돋아나고
울 담엔 전설을 간직한 찔레꽃 피어 있네

해는 수평선 너머 기울기 애달파
바다를 붉게 물들이고
잔잔한 붉은 물결 홀어머니 가슴에 몰려오는데
갈매기 울어대며 서우봉을 넘는다

지평선 그림자 봉우리에 길치니
서우제당 멜굿 소리
텅 빈 밤바다를 울리네.

지혜가 네 영혼에게
이와 같은 줄을 알라
이것을 얻으면
정녕히 네 장래가 있겠고
네 소망이 끊어지지 아니하리라.
(잠언24:14)

3부

내 것

내 것

창 밖 맑은 공기
내 것입니다

파란 하늘 흰 구름
내 것입니다

아침 까치 노랫소리도
내 것입니다

길섶 야생화도 물론
내 것입니다

내 맘대로 생각하는
내 생각 또한 내 것입니다

맘만 먹으면 모두가 내 것입니다
나는 이 세상 가장 부자입니다.

산다는 것은

산다는 것은 별것 아니겠지
비교하며 앞서려고 하지 마라
쉬지 않고 가다 보면 앞서 있을 거야
얄리얄리 얄라셩 얄라리 얄라

한 번 실수 병가지상사
인생의 디딤돌삼아
한 발 한 발 오르다 보면 높아질 거야
얄리얄리 얄라셩 얄라리 얄라

자신과의 싸움이니 남의 탓 하지 마라
인내 근면 사랑의 힘으로
멀리 보고 뛰어라 쉬지 말고 뛰어라
얄리얄리 얄라셩 얄라리 얄라

그래도 안 되면 열심히 기도하라
그러면 열리겠지
얄리얄리 얄라셩 얄라리 얄라.

도깨비

무르익은 여름 밤
더위에 시달리고 모기는 극성
모깃불로 위안을 삼네

때는 삼경(三更)이라 어둠은 칠흑인데
신작로에 계란만한 불덩이가 나타나
우산 살처럼 쫙 펴지더니
순간 새알만한 불덩이로 뭉치며
쒸 쒸 쉬~ 쒸 쒸 쉬 소리 내며
반복해서 신작로를 지나간다

심장이 멈출 것 같아
아버지 품에 안기니
도깨비불이란다, 태연스런 아버지

지금 다시 나타난다면
도깨비방망이 하나 달라고 부탁할 텐데….

시간은 해결사

코로나바이러스 전염병 창궐했다
가까운 친구도 이웃도 확진이라 했다
공포의 그림자가 집집마다 숨어들었다

어느 날 목이 따끔거려
병원엘 갔더니 코로나 확진이란다

나는 예외일 줄 알았는데…
걱정 말자 하면서도
혹시나 이러다 혹시나 이러다
심장이 자꾸 두근거렸다

죄를 다 꿰어보면 하늘에 닿고도 남을 것 같아
삼경이 지나서야 겨우겨우 잠들곤 했다

완쾌 후 별처럼 쏟아졌던 혹시 나는
쓸데없는 돌무덤이었다

시간은 모든 걸 해결하는 해결사.

나는 누구일까

나는 누구일까
나는 오직 나일 뿐인데…

세사(世事)에 시달려도
물감 한 방울로 물 전체를 흐리는
비양심으로 살지는 말아야지

초록 잎사귀 뒤에선 초록 카멜레온
빨간 꽃 위에선 빨간 카멜레온
변화의 재주꾼 카멜레온이라면
행복했을까

천둥 번개 속에서도
눈보라 속에서도
늘 푸른 대나무라면 떳떳하겠지

푸른 솔에
고요히 마음 다스리는
고고한 학(鶴)이면 더욱 좋겠지.

할머니의 한글사랑

꿩 노루 어울려 살던 깊은 산골에
칠 남매 중 맏딸로 태어나

어려선 키 크고 영특하다고
이씨 집안 살림 밑천이었다

그러나 여자라는 이유로
학교 다니는 건 먼 나라 꿈

시집살이 삼 년 만에 친정 가는 날

지나가는 버스마다
"신태인 가요?" 외치다가
해는 벌써 서산에 뉘엿뉘엿

60에 한글 배울 기회는 천우신조(天佑神助)였다
교육 수료하는 날
나는 두견새 되어
밤새도록 피 토하며 불렀지
엄마를

그 후로 내 삶은
구름 타고 나는 천상의 여인

오늘 밤도 머리맡에 한글 교본 놓고 잔다.

인생

내 뜻대로 태어나서
내 맘대로 가는 것은 아니지만

빈 손으로 왔다가 부귀영화 꿈꾸며
한세상 살아 보니 모두가 한바탕 꿈이로구나

흰 구름 정처 없이 흐르듯
인생도 한 조각 구름인 것을

산새 들새 벗삼아
구름 따라 바람 따라 흘러간들 어떠리.

나는 어이 해야 하나

나는 푸른 향기 이끌려 마실 나온 꿀벌이다
다양한 꽃들이 활짝 핀 낯선 동네

튤립 히아신스 조팝나무 모란 수선화 철쭉 민들레
이름 모를 야생화까지 멋을 낸 오색 빛깔
어느 꽃을 먼저 찾아가 볼까

꽃잎에 앉으니 독한 약 냄새 어지럽고 빙빙 돈다
조금 전 빨아 먹은 꿀에서는
흙먼지 냄새 목이 아프고 숨이 막힌다

친구들은 다 어디 가고
나만 홀로 남았는가
꽃동산이 외롭고 무서워진다

이제 나는 어이 해야 하나.

폭설 추억

학교길옆 다리 밑에
우리 친구 움막집

간밤에 아무도 몰래
폭설이 쏟아졌지

나는 검은 고무신 노끈으로 질끈 묶어
딸랑 필통 책 보자기 어깨에 달고
산모퉁이를 돌아 학교에 갔지

조개탄 난롯가에
젖은 양말 말리며
옹기종기 조잘거렸지

선생님 이름 불러도
한 친구 대답이 없었지

쉬는 시간
줄달음쳐 움막으로 달려갔지
천지는 은백색 분간하기 어려웠지

찬바람 말발굽 소리
스산한 침묵만 흘렀지

목청껏 친구 이름 외쳐 부르자
이불 뒤집어쓴 채
생쥐처럼 빼꼼히 고개 내밀었지

살았구나 안도의 한숨
이마에 구슬땀 흘러내렸지.

용문사(龍門寺) 범종 소리

새들은 숲에 들어
낮잠이 들었는가

끊어질 듯 이어질 듯
깊은 산골 깨우는 범종 소리

진흙물에 곱게 피어난 연꽃과 같이
제 몸 두드려 피워낸 청아한 소리

봉재산 어린 생명
보살피고 깨우치는 자비 소리 아니던가

고갯마루 흰 구름도
귀 기울여 듣고 있네.

참 신기하지

1) 참 신기하지
하늘과 땅은 마주 보고만 있는데
하늘 온기 땅에 만물을 자라게 하네
아마, 깊은 밤 파란 하늘 땅에 마실 오나 봐

참 신기하지
하늘과 땅은
부부인가 봐

2) 참 신기하지
해는 훈풍을 몰고 오고 달은 자장가를 불러주어
들짐승 날짐승 짝을 짓고 초목은 꽃 피고 열매 맺네
해와 달은 눈빛으로 사랑하나 봐

참 신기하지
해와 달은
부부인가 봐.

천국은 어디에

근심 걱정 전혀 없고
질병 고통 배고픔도 없는 나라
천사들과 찬양하며
주님과 영원히 행복하게 사는 나라

그곳은 어딜까
미리 가볼 수 없어 궁금하기 그지없네

보지 말고 무조건 믿으라 하시는데
그리 쉽게 되지를 않네

이것저것 따지지 말고
무조건 주님 뜻에 따르면 정말 되려나.

청춘

\- 봄은 생명
연한 햇살 봄기운 묻어나면
잔설(殘雪) 속 빠알간 매화꽃 열리며
단단한 텃밭엔
질경이 용을 쓰며 뛰쳐나온다

실실이 늘어진 버들가지 하늘 뒤덮고
벌 나비 어우러져 사랑 노래 부른다

\- 청춘은 희망의 등불
심장이 활활 불타올라
미래 세상 꿈꾸는
용기는 하늘을 찌르네

젊은이여!
그대의 두 팔 걷어붙이고
이 땅에 봄 동산
멋지게 꾸며 보자.

성탄 경배

제단(祭壇) 앞에 경배하며
아기 예수 오심만을 기다립니다

첨탑 십자가를 통해 영롱한 불빛으로
내려오소서 경배하며 기다립니다

"고개 들어 나를 보라!" 하시면
저는 어찌해야 합니까

감히 고개를 들 수도 없고
눈부셔 뵐 수도 없을 것 같습니다
그때 저는 어찌해야 합니까

오직 한 가지
주님 옷자락 부여잡고
눈물로 사랑했다 고백하오리다.

기다림

기다림은 희망입니다

희망은 지루함의 끝입니다

지루함은 고통입니다

고통은 염려를 낳습니다

염려는 깊은 상처를 만듭니다

상처는
기다림이 피운 아픈 꽃입니다.

천국의 문

오늘은 단 한 사람만 입국이 허락된
심사 날

한 회사 회장은 사회사업을 통해
어려운 이웃을 많이 도왔다 했고

어떤 목사는 천국 인도를 위해 일생을
바쳤다 했습니다

공직자 한 분은 민생의 안정에 최우선을
다했다면서 당당하게 말했고

점술가는 악을 사전에 막아 주어
잘 살게 해 주었다고 했으며

사채업자는 싼 이자로
편히 살게 해 주었다며 자랑을 했습니다

마지막으로 구두 닦는 사람은 적은 기쁨을
주었을 뿐이라며 겸연쩍게 웃었습니다

"왜 이리 늦었는고?"
"오다가 길 헤매는 봉사를 업고 오느라고
그만 늦었습니다."

"수고했구나, 봉사를 업고 천국 문 들어가거라."
"그대가 나를 구했느니라."

당구공

나는 헤딩 선수
매일 헤딩하면서 지내지

강하게 약하게 둘을 받아야 살지
돌면서 세게 슬며시 뒤꼭지를 들이받지

나는 항상 두통을 달고 사는
슬픈 운명의 존재

누군가에겐 웃음을
누군가에겐 슬픔을 부딪쳐 주는
나는 밤톨 사랑꾼이지.

연꽃

진흙 뻘 속에서 청초한 꽃 피워 낸
고운 자태 보노라면
환경만 탓하는 내가 부끄럽구나

연잎에 물방울 이리저리 굴려 만든 옥구슬
눈여겨보았다면
한 번 실수 괴로워하지 말자

연꽃이 지고 나면 꽃대는 성화봉이 된다
은은한 향기 불태워
사바세계(娑婆世界) 구제하자.

주 안에서
항상 기뻐하라
다시 말하노니
기뻐하라.
(빌립보서 4:6)

시조

4부

늦가을 국화산장

늦가을 국화산장

뜰 아래 국화호수 청둥오리 노니는데
먼발치 호숫가에 노부부 정다워라
심중(心中)에 못다 한 정이 호숫물에 물결친다

긴 여름 피고 지던 국화꽃 맑은 향기
찬 서리 가슴 시려 조심조심 피었어도
그윽한 국화 향기야 숨길 수가 있으랴

창공에 흰 구름도 향기 취해 쉬어 가니
하늘 멀리 기러기 떼지어 날아가도
한세월 여기 머물러 향기 취해 살아 볼까.

봉재산에 올라

봉수대 나무 의자 걸터앉아 쉬노라니
잎새에 이는 바람 땀방울 닦아 주고
산색(山色)은 짙푸르르고 새 소리 흥겹구나

한강 위 마곡대교 철마는 내달리고
돛단배 바람 따라 한가로이 흘러가네
나도야 갈매기 되어 강물 위를 날고 싶다

저 멀리 북한산 솜털구름 휘감아서
멀리도 가까이도 보였다 안 보였다
화폭에 옮겨 놓으니 내 방 안에 들어 있네.

삼막사 눈발

칼바위 사잇길로 한 발 한 발 오르는데
펄펄펄 함박눈이 속절없이 쏟아지니
눈 속에 노송 한 그루 걸작품 명화일세

산등성 올라서서 굽어본 하얀 세상
하늘 땅 하나 되어 천지 분간 아물아물
산동무 손을 맞잡고 할 말 잃고 눈만 깜박

눈 앞에 펼쳐진 세상 선계(仙界)가 따로 없고
눈 장삼(長衫) 걸쳐 입은 산동무는 노승이라
삼막사 풍경 소리가 서방정토(西方淨土) 인도하네.

한가위 엄마 생각

동틀녘 채소 팔러 장에 가신 우리 엄마
당산나무 아래서 기다리는 남매 소원
어머니 어서 오세요, 미소 환히 머금고

휘영청 둥근 달밤 장독대 정한수로
성황님 전 빌고 빌어 손금이 다 닳았네
그 정성 기도 은덕에 바위 같은 자식들

엄마 그려 외로울 때 달님에게 매달려
꿈에라도 볼 수 있게 해 달라고 기도하지
달님아! 울 엄마 얼굴 환하게 비춰 주오.

까치산역

동창(東窓)이 밝아오니 까치 소리 요란하다
좋은 소식 있으려나 고운 임 만나려나
부푼 꿈 희망을 안고 발걸음 가벼워라

고향 친구 오랜만에 플랫폼에서 만나 보니
앵둣빛 고운 입술 커트머리 그대로라
다정도 배가 되어서 고향 소식 물어 보네

옛날 옛적 고향 얘기 실타래를 풀어놓고
다정다감 얘기 속에 지하철은 잘도 간다
못다 한 그 정 아쉬워 헤어짐이 섧도다.

엄마 생각

손 시려 발 시려워 기나긴 동짓밤을
포근한 엄마 품에 달나라 다녀왔지
깊은 잠 그 꿈결에도 엄마 손길 다정했지

깨어나 둘러보니 곁에 없는 우리 엄마
먼 하늘 돌고 돌아 가뭇없이 가시었네
꿈길에 다시 오시라 부탁하며 눈을 감네.

쑥국새

산 너머 안개구름 아침 나절 찾아오니
잔디밭에 숨어 살던 들풀은 빵긋빵긋
라일락 부푼 꽃망울 향기 가득 머금었네

버드나무 실가지 거꾸로 매달려서
실바람 간지러워 등을 대고 비벼 대네
아이야, 실가지 꺾어 버들피리 불어 보자

버드나무 가지 위에 쑥국새 걸터앉아
보릿고개 넘지 못해 능신(能臣)으로 태어나서
한 많은 애절한 노래 하늘 향해 울어 대나.

가로공원길

가로공원 산들바람 나뭇잎에 매달려서
연인들의 깊은 애정 달콤하게 매만지네
긴긴밤 쪽잠 새우며 보금자리 만든다

달빛도 눈부시어 수줍은 연인들이
오동나무 등 뒤에서 은밀히 속삭이며
새끼손 맺은 첫사랑 영원을 기약하네.

눈 내리는 설날

계묘년(癸卯年) 첫날부터 백설은 도화(桃花)인 양
하롱하롱 마른나무 실가지에 내려앉아
내 고향 산수갑산(山水甲山)골 부모 생각 나게 하네

제상 머리 촛대 등촉 밝혀 놓고 무축단작(無祝單酌)
대충대충 선영(先塋) 승배 다 했다 하려는가
세태가 그러하거늘 누구를 탓할쏘냐

손자들 넓은 마당 눈싸움 정신없고
젊은 남녀 시끌벅적 화투 놀이 빠졌는데
늙은이 흐뭇한 미소 눈발 속에 섞이네.

정월 대보름날

은빛 색깔 고운 임 꽃단장 하시옵고
머나먼 길 찾아와 복잔치 하시려나
싸리문 화알짝 열어 오시는 임 맞이하네

우리 할매 달님에게 손발이 다 닳도록
액운은 쫓아내고 재복은 불러 오게
우리 네 부귀영화를 고운 임 빌고 비네

남녀노소 한데 모여 쥐불놀이 줄다리기
밤늦도록 불 밝혀서 무사태평 기도하니
달님아 높이 돋아사 우리 세상 밝혀 주소.

탱자나무 울타리와 참새 떼

늦가을 가을걷이 마무리 끝나면
유난히 참새무리 농가로 찾아든다
앞마당 씨암탉 모이 쪼으려고 오는가

오늘도 바람 타고 휘몰아쳐 날아와
탱자나무 울타리에 흔적 없이 숨는다
혹여나 억센 가시에 상처 날까 두렵다

탱자나무 울타리는 가시로 뒤엉켜서
참새 떼 숨을 빈틈 찾기도 어려운데
참새들 들고 나는 게 참으로 기이하다.

석양의 백련사

오색 연꽃 바람풍에 백련이 안주하여
백련사 극락전이 즈믄해 이어 오니
강화도 태평성대가 영원무궁하리다

극락전 마당 한 곁 수줍은 만수(萬壽) 국화
해설피 조심스레 향기로 인사하네
긴 소매 비구니스님 미소짓고 스친다

백련사 산기슭에 어둠이 자욱하니
범종각 종소리가 부처님 자장가라
한 아름 은행나무도 깊은 잠에 빠진다.

* 해설피 : 해질 무렵.

놋쇠 젓가락

우리는 놋쇠 젓가락 이목구비 하나 없이
몸통만 하나지만 우리는 행복 부부
지순한 영혼으로만 살아가는 단짝 부부

아침상 저녁상에 잔칫상 손님상에
삼시 세끼 때맞추어 목욕재계 오르고
온 가족 건강 배달꾼 우리들의 몫이지

긴 세월 깊은 주름 마주 보며 위로하지
어쩌다 한눈팔아 낙상사고 발생하면
짝 잃은 기러기 신세 앙가슴에 피멍들지

동짓달 기니긴 밤 따뜻한 아랫목에
온기 없는 다리 포개며 지난날 얘기하지
새벽 잠들기 전에 한날 한시 죽자 하지.

나의 행복

봄 향기 묻어나는 뒷동산 홀로 누워
종다리 하늘에서 공중 묘기 하는 양을
넋 잃고 바라보나니 신록(新綠)의 행복이라

노란 꽃 장다리 밭 그윽한 향기 내음
벌 나비 벗을 삼아 콧노래 하노라면
춘객이 이만하면은 행복하다 하리오

그립던 울 엄마 간밤에 만났더니
연분홍 고운 한복 복사꽃 웃음짓네
꿈이면 어쩌랴마는 행복 중 제일이라.

새벽

푸드덕 홰를 치며 새벽닭 우는 소리
어둠을 깨우는 주님의 음성이라
하늘이 환히 열리며 성근 별 사라지네

다락논 둘러보러 아버지 나가시고
자식놈 쇠죽 끓이고 어머니 밥 짓는 소리
실바람 대나무숲에 향수를 몰고 오네

종갓집 맏며느리 아직 아니 일었느냐
아이들 학교길이 늦을까 걱정 되어
개구리 큰 소리 높여 무논에서 울어 댄다.

강화 제적봉 평화 전망대

그 누가 우리 겨레 38선 갈라놓고
민족상잔 6·25 전쟁 깊은 상처 안겨 주고
긴 세월 한 많은 민족 비극을 초래했나

한 맺힌 서러움에 심장이 터질 듯
북녘을 바라보니 희미한 안개 속
헐벗은 황토 빛깔만 어렴풋이 어린다

강 건너 한 뼘 이내 해창포는 웬 말이며
저 멀리 높은 산이 송악(松嶽)이란 말이더냐
아이야, 기러기 되어 날아보고 싶구나

하늘에 뜬 구름 자유로이 오가는데
우리 땅 우리 민족 내 뜻대로 못할소냐
기필코 평화통일로 자유 왕래 이루자.

을왕리

잔잔한 물결 위에 붉은 실로 수를 놓아
바람에 노을이 불타고 있다
바닷가 아낙네의 두 볼에도 붉은 노을

갯바위 갈매기들 짝을 찾아 노래하고
먼 바다 섬들 사이 고깃배 스쳐 가네
아이야, 노을 벗삼아 풍어 노래 부르자.

마곡 호수의 겨울

찬바람 마시더니 하얗게 물들었네
하늘이 내려와 파랗게 물이 들고
그 위에 앞산 봉우리 옮겨와 앉았구나

앙상한 나무들은 찬바람에 잠이 들고
호숫가 양지쪽에 청둥오리 숨죽이네
억새는 양팔을 접고 무슨 꿈을 꾸고 있나

멀리서 다가오는 지하철 속삭임
희망과 꿈을 싣고 미래로 달려간다
우리 꿈 다발로 묶어 하늘나라 보내자.

봄날의 눈발

산 아래 양지바른 개나리 울타리 집
이른 봄 날빛이 뻰질나게 찾아와
노오란 꽃망울 가슴 쓰다듬고 어루만져

황금물결 노오란 꽃 눈부시게 피어났네
벌 나비 돋친 입술 입 맞추자 대드네
꽃 향기 그윽이 번져 온 마을이 설레네

춘삼월 청천벽력 세월이 뒤바뀌나
뒤뜰의 낙엽들은 서로 엉켜 울어대고
백설이 겹겹이 쌓여 파르르 떠는 입술

살얼음에 벌벌 떠는 어린 천사 가여워라
눈 속에 잠긴 심장 자꾸만 조여든다
따뜻한 해님이시여 이 눈발 녹여 주소서.

봄이 오는 소리

십 년이 하루인 양 달아나는 세월인데
삭풍에 시달려 온 실가지 봄소식은
더디게 찾아왔건만 환희의 선물일세

솔가지 뿌린 훈풍 파르르 돋아나고
개화산 진달래꽃 붉은 입술 향기 내음
산등성 고개를 넘어 천 리 길에 흐른다

할미꽃 피는 언덕 종달새 높이 날아
산 넘어 라일락꽃 봄소식 전달하니
자줏빛 꽃단장 향기 마을의 자랑이다.

인연

완행열차 여행 중에 우연히 맺은 인연
서로의 눈동자에 예쁜 모습 뿌리 박아
영원히 잊지 말자고 두 손 모아 맹세했지

장밋빛 고운 얼굴 향기로운 말소리
검은 머리 나풀대는 희고 긴 목
애틋한 깊은 연정(戀情)이 병이 되어 슬프다

첫눈 내리던 날 홀연 떠난 그 사람
살포시 내린 눈길 자국 없이 가옵소서
말없이 떠나가는 님 잘 가시오 빌겠소

오늘도 함박눈이 사뿐사뿐 내리는데
눈송이 송이마다 고운 모습 어려오네
좁다란 숲속 길 따라 쉼 없이 걷고 싶네.

스승의 은혜

한 계단 한 계단 정성을 기울여서
드높은 수준까지 끌어올려 주시고
든든한 동량(棟梁)들로만 자라게 해 주셨네

스승은 밤 하늘에 반짝이는 북두성
제자들 두루두루 보살피고 지키시어
세상에 빛나는 업적 가슴 가득 차오르네

정성스레 가꾸어서 피워 낸 꽃봉오리
실한 열매 맺어서 스승님 그 은혜에
감사의 카네이션을 한 아름 드리오리.

해맞이

어스름 나라의 청잣빛 고운 하늘
바다가 토해 내는 붉은 태양 떠오르니
앵둣빛 자색 물결이 눈이 부셔 시리다

비켜선 산봉우리 새털구름 내리는데
기러기 끼룩끼룩 구름 속 날아가네
계묘년 새해 새 아침 생동하는 명화로다

해님아 솟아라! 해님아 솟아라!
아낙의 소원일랑 국태민안(國泰民安) 가족 건강
해님아 두루 비추어 좋은 세상 만드소서.

한글 사랑

스물여덟 기본 글자 세종대왕 만드시어
온 백성 쉽게 배워 문맹 없는 배달 민족
우수성 검증을 받아 세계 으뜸 글자일세

세네 살 어린이나 여든 살 노인까지
소리 나는 그대로 쓰면 글자가 이뤄지니
제 생각 쉬 펼 수 있는 자랑스런 우리 한글

자음·모음 조합하여 못 하는 말 없는 글자
전자기기 키보드로 내 생각 전달하는
오늘날 최첨단 시대 우리 한글 보배로다.

■ 작품해설

인생과 자연의 미적 정서와 사상이 승화된 언어미

- 연호(蓮湖) 이청춘의 시세계

오 동 춘

(문학박사 · 문학평론가 · 짚신문학회 회장)

1. 들어가는 말

시는 사람의 생각과 느낌을 감수성과 상상력을 통하여 언어로 표현한 구조물이다.

한마디로 언어예술이다. 시의 동양적 시관은 "시는 뜻을 말로 표현한 것(詩言志)"으로 서경(書經)에서 말하고, 공자는 시경(詩經)에서 시는 사무사(邪無思)라 하여 "생각함에 사악함이 없는 것"으로 정의했다. 서양의 시관은 모방론으로 "시는 운율 있는 언어로 행동하는 사람을 모방한다."라고 아리스토텔레스가 말했다. 표현론으로 "시는 강한 감정이 저절로 흘러나오는 것이다."라고 워즈워즈가 말했다. 이렇게 동양의 교훈적 의미의 시관에 대해 서양은 사물의 모방 이미지와 언어를 통한 상징 비유로 표현의 수사기교를 말하고 있다. 시가 언어예술이요, 언어건축물로 시 작품을 통한 언어미학이 독자의

가슴에 미적 가치와 감동을 환기시킨다. 시의 기초적 이해와 시창작 기법을 익힌 이청춘 시인은 그간 각고의 피와 땀으로 창작한 시작품 83편(자유시 59편, 시조 24편)으로 첫 시집을 상재한다.

『탱자나무 울타리』의 시집 제목은 시조 「탱자나무 울타리와 참새 떼」에서 그 제목을 함축적으로 축소한 이름이다. 농촌의 따스한 인정과 서민의식이 깃든 시집 이름이 아닐 수 없다. 이청춘 시인은 탱자나무 같은 의지와 자기 방어자세와 이웃을 옹호하는 서민의식이 탱자나무에서 잘 풍겨주고 있다.

첫 시집 『탱자나무 울타리』의 미적 여운이 감도는 이미지 속에 이청춘 시인의 튼튼한 탱자나무 같은 시정신을 잘 보여 준다. 참새 떼 같은 평화와 자유로운 시의 정서와 사상도 보여 준다. 이청춘 시인이 엮은 알찬 시 83편의 시세계를 살펴보기로 한다.

2. 자연정서와 인생철학의 의미

이청춘 시인은 농촌 자연환경 정서와 천체자연, 화초자연 정서와 사상으로 많은 수작을 창작했다.

두견새 우는 삼경(三更)이면/ 창 밖에서 날 부르는 친구// 행복했던 일 슬펐던 일/ 소곤소곤 이야기하면// 내 이야기 다 들어주는 친구/ 비밀 다 지켜 주는 믿음직한 친구// 칠 형제 중 맏이로서 북쪽 자기 자리/ 항상 지키는 친구// 나 외롭지 않네/ 헤어질 염려 없는/ 영원한 친구가 있으니까.

-「북극성」 전문

북극성은 북극에서 가까이 만나는 작은곰자리의 주성(主星)이다. 일주(日週)운동의 위치가 변화 없이 있으므로 방위나 위도상의 목표가 된다. 이처럼 다른 북두칠성 별과는 다르게 신의 있게 바라보는 불변의 중심별이다. 이 북극성이 이청춘 시인의 친구다. 우리 삼강오륜에도 친구는 붕우유신(朋友有信)으로 일깨워 친구 사이는 신의가 절대적임을 말해 준다. 중국의 고사성어 관포지교(管鮑之交)에서 나오는 관중 포숙아 친구같이 시적 자아의 이청춘과 북극성은 신의 있는 중국 제(齊)나라 관중과 포숙아와 같은 친구 관계임을 정서적 사상으로 잘 엮은 작품이다.

나는 누구일까/ 나는 오직 나일 뿐인데…// 세사(世事)에 시달려도/ 물감 한 방울로 물 전체를 흐리는/ 비양심으로 살지는 말아야지// 초록 잎사귀 뒤에선 초록 카멜레온/ 빨간 꽃 위에선 빨간 카멜레온/ 변화의 재주꾼 카멜레온이라면/ 행복했을까// 천둥 번개 속에서도/ 눈

보라 속에서도/ 늘 푸른 대나무라면 떳떳하겠지// 푸른 솔에/ 고요히 마음 다스리는/ 고고한 학(鶴)이면 더욱 좋겠지.

-「나는 누구일까」 전문

이청춘 시인의 이 작품은 자기의 존재의식을 잘 표현했다. 순국애국시인 윤동주의 「서시」 작품을 연상하게 한다. 푸른 대나무 푸른 솔의 고고한 학으로 살아가겠다는 선비의식은 "하늘 우러러 한 점 부끄럼 없기를" 바라며 살아가겠다는 시 정신과 사상적으로 상통된다. 인생의 카멜레온이 되어 비양심으로 살아간다면 행복이 구축될까. 이런 부조리한 삶은 이청춘 시인은 배격하고 진리와 정의의 양심길에서 살아가겠다는 자신의 생활철학을 잘 표현한 작품이다. 도마뱀 같은 이기적인 변화 많은 인간이 아니고 오직 하늘을 우러러 한 점 부끄럼 없기를 잎새에 이는 바람에도 괴로워하는 밝고 아름다운 신의, 정의, 양심의 인간철학으로 살아가겠다는 이청춘 시인의 굳건한 자화상 모습을 시로 승화시켜 읊고 있다.

매주 수요일이면 찾아오는 엿장수/ 가위를 신바람나게 친다// 동네 아이들 떨어진 고무신 빈 병 들고/ 모여들어 동네 한 바퀴 따라 도는데// 엿을 주며 멋진 꿈도 같이 판다/ 손가락이 길고 예쁘다고 음악선생/ 눈동자 빛난다고 육군 대장/ 깡이 있다고 국가대표/ 나는 잘 웃긴다고 예술가// 그 꿈은 오래도록 자라고 익어/ 음악선생 장성(將

星) 레슬링 선수가 되었다// 나는 늦게나마 시를 쓴다/ 엿장수는 꿈을 파는 예언가였다.

- 「꿈을 파는 엿장수」 전문

매주 수요일에 가위 소리 내고 동네에 오는 엿장수는 꿈도 파는 예언자 노릇도 한다. 고무신, 빈 병 등을 들고와 엿과 바꾸어 먹는 미래의 꿈나무 어린이들이 예술가, 체육인, 육군장교, 학교 선생이 되리라는 장래 희망에 대해 예언해 주고 있다. 꿈을 가꾸는 엿장수의 어린이 사랑을 시적 이미지로 곱게 승화시킨 이청춘 시인은 자신의 어린 날 엿장수를 만났던 추억의 동심세계를 시적으로 승화시켜 뜻깊은 시로 창작했다. 어린 날의 추억 속에 이청춘 자신이 엿장수의 모습을 그립게 떠올리고 있다.

이청춘 시인은 꽃자연 「장미」에서 "당신은 정말 성모 마리아입니다."로 이미지를 부각하여 시의 경건미를 드러내고, 「찔레꽃」 꽃씨로 멀리 날아가는 자유를 주제의식으로 삼아 창작하였고, 「나무늘보의 행복」은 나무늘보가 높은 나무에서 땅을 보고 고뇌를 잊으며 낮잠도 즐기며 나뭇잎 식사를 즐기는 나무늘보야말로 행복한 짐승으로 시를 창작했다. 이청춘 시인은 「부부」에서 살다 보면 취미와 생각이 같아지고 얼굴도 닮아져서 "그래서 우리는 천생연분 연리지(連理枝)라네."로 부부 사랑을 두 나무가 서로 껴안고 높이 솟은 연리지에 비유했다. 금슬 좋은 부부임을 시로 곱게 고백했다.

> 마파람에 먹구름 천지를 뒤덮어/ 별빛 집어 먹고 동네를 삼키더니/ 하늘 열고 물동이 쏟고 있네/// 동네 고샅에 물이 차올라/ 창문 두드려도 주인아줌마 말이 없구나// 물이 점점 차올라/ 처마 밑까지 차올라/ 닭도 날아가고 돼지도 간데없네// 엉겁결에 용마루에 올라오니/ 출렁이는 물결 소리가/ 온 마을을 뒤덮었네// 죽더라도 주인아줌마 보고 죽어야 하는데/ 정신이 깜박깜박 졸고 있을 때// 먼동 트는 언덕에서/ "누렁아." 날 부르는 소리// 정녕 틀림없는 주인 목소리/ 이제는 됐다 깊은 잠에 빠진다.//

- 「지붕 위 누렁이」 전문

한 동네에 물동이로 퍼붓듯 비가 쏟아져 처마 밑까지 물이 차올라 닭과 돼지 등 가축은 다 물에 잠겼으나 엉겁결에 용마루 지붕에 올라선 누렁이는 사랑해 준 주인아줌마를 구세주처럼 찾는다. 먼동 트는 언덕에서 한 식구로 함께 살아온 누렁이 개를 찾는 소리 누렁아! 주인아줌마 사랑의 소리 듣고 깊은 잠에 빠지는 누렁이는 물난리 위기 중에도 주인의 사랑을 받는 행복에 빠진다. 비록 짐승인 누렁이라도 개 자연과 사람 주인의 사랑이 일체감 되어 시의 주제와 이미지의 산뜻한 전개로 작품의 미적 감동을 환기시켜 준다.

이청춘 시인은 「해돋이」 시에서 “붉은 해야 높이 솟아라// 해야 비춰라/ 해야 비춰라/ 멀리멀리 비춰라// 깊은 계곡 도룡이도 깨우고/ 잔설(殘雪) 녹여 홍매화도 깨워서/ 금수강산 꽃동산 만들어 보자.”는 희망의 고운 꿈이 있다. 「인생」 작품에서는 “빈 손으로 왔다가 부귀영화 꿈꾸며/ 한세상 살아 보니 모두가 한바탕 꿈이로구나.”라고 말하고 있다. 인생도 정처 없이 흐르는 한 조각 흰 구름임을 시 이미지로 부각시켰다.

북극성, 장미, 나무늘보, 누렁이, 엿장수, 해돋이 인생 등의 시어의 구체적 시어 의미와 정서, 사상을 통해 자연정서와 인생철학의 언어미학을 찾아볼 수 있었다.

3. 신앙정서의 시의식

이청춘의 시작품에 신앙의식이 깔린 작품이 시와 신앙의 미의식을 드러내고 있다.

기독 계통 작품으로 「고맙습니다」, 「새벽」, 「산다는 것은」, 「천국은 어디에」, 「성탄경배」, 「천국의 문」 등이 대표적인 작품이다. 불교의식 작품으로는 「연꽃」, 「개화산」, 「설악산 주전골」, 「한강과 노신사」, 「용문사 범종 소리」 등이 있다.

아침에 일어나 고맙습니다/ 밥 잘 먹고 고맙습니다/ 엄마 사랑 고맙습니다/ 하늘 아래 푸른 숲 고맙습니다/ 봄비를 내려줘서 고맙습니다/ 화사한 들꽃 향기 고맙습니다/ 좋은 친구 만나줘서 고맙습니다/ 오늘 하루 무사해서 고맙습니다// 어둔 밤 주셔서 고맙습니다/ 잠잘 집 주셔서 고맙습니다/ 잠자기 전 일기 쓰고 시 쓰니 고맙습니다/ 나날이 행복한 일 고맙습니다// 튼튼한 네 발로 걸을 수 있어 고맙습니다/ 눈 코 입 귀로 보고 냄새 맡고 말하고/ 먹고 마시고 들을 수 있으니 더욱 고맙습니다/ 고맙단 말 들어주신 하느님 고맙습니다.

-「고맙습니다」 전문

기독교는 하나님 은혜에 감사하며 믿음으로 기도하는 종교이다. 신약 데살로니가전서 5장 18절에는 "범사에 감사하라."로 말씀하고 있다. 이 「고맙습니다」 시는 기독교 신앙인의 기본 믿음 자세를 말하고 있다. 모든 생활 자체를 감사의식의 긍정적 사고방식을 갖도록 시에는 15번의 "고맙습니다" 시어를 반복으로 강조하여 시로 엮었다. 순리적으로 감사의식을 실천해야 할 일이다.

산다는 것은 별것 아니겠지/ 비교하며 앞서려고 하지 마라/ 쉬지 않고 가다 보면 앞서 있을 거야/ 얄리얄리 얄라셩 얄라리 얄라// 한 번 실수 병가지상사/ 인생의 디딤돌삼아/ 한 발 한 발 오르다 보면 높아질 거야/ 얄리얄리 얄라셩 얄라리 얄라// 자신과의 싸움이니 남의 탓 하지 마라/ 인내 근면 사랑의 힘으로/ 멀리 보고 뛰어라 쉬지 말고 뛰어라/ 얄리얄리 얄라셩 얄라리 얄라// 그래도 안 되면 열심히 기도하라/ 그러면 열리겠지/ 얄리얄리 얄라셩 얄라리 얄라.

- 「산다는 것은」 전문

고려가요 「청산별곡」의 후렴을 각 연의 말미에 삽입시켜 열심히 기도하여 원하는 내용을 승리하도록 일깨워 주고 있다. 고려가요 「청산별곡」에서 보듯 청산처럼 순수하고 소박하게 기도의 힘으로 삶의 승리를 이루라는 신앙 권면이 「산다는 것은」 작품에서 수용 되어 믿음의 승리가 이뤄져야 하는 것이다. 청산과 같은 믿음직한 낭만적 신앙세계를 시로 잘 승화시켰다.

진흙뻘 속에서 청초한 꽃 피워 낸/ 고운 자태 보노라면/ 흰경만 탓하는 내가 부끄럽구나// 연잎에 물방울 이리저리 굴려 만든 옥구슬/ 눈여겨보았다면/ 한 번 실수 괴로워하지 말자// 연꽃이 지고 나면 꽃대는 성화봉이 된다/ 은은한 향기 불태워/ 사바세계(娑婆世界) 구제하자.

- 「연꽃」 전문

연꽃은 불교 상징의 꽃이다. 뻘밭이나 연못, 더러운 곳에서 밝고 깨끗하게 피어 대자대비의 석가의식을 보여준다. 연꽃은 세속의 오염의식 탐·진·치의 불교 3독을 다 버리고 중생으로 하여금 보살도의 정신으로 참선에 이르고 선행을 잘 해야 한다.

연꽃 생리가 연등 같은 밝고 아름다운 불교의식을 잘 보여주는 꽃이다.

4. 애국, 한글 향수의식의 시적 변용

> 치마폭 늘이고 바람결에 나부끼며/ 사뿐히 걷는 모습 연분홍 새색실세// 연한 듯 강인한 가지마다 고운 잎새/ 꽃눈마다 봉오리는 피고 지고 피고 지고// 방그레 피는 꽃은 누나 모습 닮아서/ 가슴 속 품어 보는 민족의 얼이로다// 화심(花心)에 진한 불빛 맥을 따라 밝히시니/ 험한 세상 별빛일세.
>
> -「무궁화꽃 바라보며」 전문

나라마다 나라꽃이 있다. 우리는 무궁화꽃이다. 피고 지고 은근과 끈기의 정신이 있다. 애국가 후렴에도 “무궁화 삼천리”로 무궁화꽃이 나온다. 무궁화 나라꽃은 나라 사랑의 꽃이다. 무궁화는 바로 우리 민족의 얼을 나타낸다. 시 속에 무궁화를 새색시, 누나로 비유하여 꽃의 강인성과 함께 애국심, 민족애를 국민 사상적으로 잘 나타낸다. 화심은 험한 세상과 별빛에 비유하여 나라에 어둠이 닥쳐도 별빛 같은 밝은 조국 사랑 애국정신으로 대한조국을 잘 지킬 수 있는 시의 사상으로 잘 승화된 작품이다.

> 꿩 노루 어울려 살던 깊은 산골에/ 칠 남매 중 맏딸로 태어나// 어려선 키 크고 영특하다고/ 이씨 집안 살림 밑천이었다// 그러나 여자라는 이유로/ 학교 다니는 건 먼 나라 꿈// 시집살이 삼 년 만에 친정 가는 날// 지나가는 버스마다/ "신태인 가요?" 외치다가/ 해는 벌써 서산에 뉘엿뉘엿// 60에 한글 배울 기회는 천우신조(天佑神助)였다/ 교육 수료하는 날/ 나는 두견새 되어/ 밤새도록 피 토하며 불렀지/ 엄마를// 그 후로 내 삶은/ 구름 타고 나는 천상의 여인// 오늘 밤도 머리맡에 한글 교본 놓고 잔다.
>
> -「할머니의 한글사랑」 전문

일자무식의 할머니가 60세 되어 천우신조로 한글을 배우고 교육을 마치게 되니, 새로운 밝은 인생 기쁨에 밤새 엄마 찾아 피 토하듯 울었다. 남존여비 사상 때문에 산골에서 교육 기회가 없어 60 회갑에 이르도록 할머니는 까막눈으로 어둠에서 살았다. 민주 사회의 남녀평등 혜택으로 여성의 사회진출이 활발해졌다. 한글정신으로 나라 겨레 사랑의 할머니로 발전해야 하겠다. 이청춘 시인의 우리말, 우리글, 우리얼 사랑의 언어 문자관을 우리는 잘 찾아볼 수 있다. 한글은 유네스코에

오른 세계문화유산이다. 유엔의 공용문자로 인정받고 있다. 문맹의 까막눈 할머니가 다시는 없어야 하겠다. 할머니의 한글 정신이 뜨겁게 돋보인다.

> 쏟아지는 햇살이/ 청보리밭을 누렇게 물들이는 6월// 보리 거둬들인 뒷자리엔/ 농부의 땀방울인 이삭이 여기저기 흩어져 있지// 초등학교 시절 친구와 난 방과 후엔/ 사래 긴 보리밭에 이삭을 주워 신주머니/ 가득 주워 오곤 했지// 동네 아주머니 어여삐 여겨 보리 사 주면/ 친구와 얼싸안고 동네 한 바퀴 돌았지// 6월이면 보리 이삭 줍던/ 단짝 친구 몹시 그리워진다.
>
> -「보리 줍던 고향 친구」 전문

사람은 그리운 향수가 있다. 이청춘의 고향은 김제다. 초등학교 단짝 친구와 보리 이삭을 주웠다. 동네 아주머니가 보리를 사 주면 기뻤다. 이청춘 시인의 6월 보리 이삭 줍기 추억과 친구의 그리움이 잘 승화된 작품이다. 구약성경 룻기에 이방여인 룻은 보아스의 보리밭에서 이삭을 주웠다. 보아스의 사랑을 받고 아내가 된다. 예수 족보의 한 여인이 된다. 이밖에 향수어린 작품으로는 「내일이 없었으면」과 「코스모스 고향집」이 있다.

5. 시조시의 소박한 정서와 사상

이청춘의 시집 『탱자나무 울타리』 4부의 늦가을 국화 산장에 수록된 시조 작품은 모두 24편이다. 정형시로서 3장 6구 형식에 맞게 소박한 정서가 넘치게 시조가 잘 창작 되어 있다. 주로 3수 1편의 연시조를 창작했다. 고시조 형태의 3행 장별시조를 일관해 창작하였으며 시조 창작의 보수성을 잘 나타냈다. 시조 창작 내용을 간추려 보면 불교의식의 「인연」, 「삼막사 눈발」, 농촌의식의 「탱자나무 울타리 참새 떼」, 계절의식의 시조로 「봄날의 눈발」, 「봄이 오는 소리」, 「늦가을 국화산장」, 「마곡 호수의 겨울」, 모정 생각의 「엄마 생각」, 살고 있는 강서구 가로공원로 공간 중심의 시조 작품은 「봉재산에 올라」, 「까치산역」, 「가로공원길」 등이 있다. 그리고 해변의식의 「을왕리」 시조가 있다.

> 뜰 아래 국화호수 청둥오리 노니는데/ 먼발치 호숫가에 노부부 정다워라/ 심중(心中)에 못다 한 정이 호숫물에 물결친다// 긴 여름 피고 지던 국화꽃 맑은 향기/ 찬 서리 가슴 시려 조심조심 피었어도/ 그윽한 국화 향기야 숨길 수가 있으랴// 창공에 흰 구름도 향기 취해 쉬어 가니/ 하늘 멀리 기러기 떼지어 날아가도/ 한세월 여기 머물러 향기 취해 살아 볼까.
>
> \- 시조 「늦가을 국화산장」 전문

이 「늦가을 국화산장」 시조는 강화도 노부부가 인생 황혼기에 정성 깊이 참으로 알뜰히 가꾸어 꾸민 국화산장에 직접 가보고 창작한 사실적인 작품이다. 독자의 정서적 공감대가 미적 감동을 이룬다. 시어 선택이 절실하며 3장 6구의 평시조 형식을 잘 갖추어 창작했다. 가람의 말대로 실정실감을 잘 드러낸 현대시조다. 별천지 같은 국화산장에 노부부가 더욱 건강하고 젊게 살아간다. 시조 형식과 내용이 조화미를 이루어 작품의 미적 가치가 높다.

> 늦가을 가을걷이 마무리 끝나면/ 유난히 참새무리 농가로 찾아든다// 앞마당 씨암탉 모이 쪼으려고 오는가// 오늘도 바람 타고 휘몰아쳐 날아와/ 탱자나무 울타리에 흔적 없이 숨는다/ 혹여나 억센 가시에 상처 날까 두렵다// 탱자나무 울타리는 가시로 뒤엉켜서/ 참새 떼 숨을 빈틈 찾기도 어려운데/ 참새들 들고 나는 게 참으로 기이하다.
>
> - 시조 「탱자나무 울타리와 참새 떼」 전문

참새는 농촌 마을 탱자울타리 싸리울타리 등에 앉아 자유롭고 평화롭게 논다. 김제 농촌에서 유년 시절에 살면서 집 탱자나무 울타리에 떼지어 짹짹 모여 노는 모습을 지켜본 어린 날의 체험을 3장 6구의 정형시 시조형식에 내용도 잘 조화되게 이청춘 시인은 승화시켜 읊었다.

추수가 끝난 늦가을 흘린 곡식을 많이 주워 먹고 배부른 가을 참새의 한가롭고 자유로운 평화의 모습이 탱자나무 울타리 집의 인정과 사랑으로 부각된다.

미적, 감동적 이미지가 산뜻하고 다사롭다. 탱자 가시가 방해스러워도 개이치 않고 자유로운 참새 떼 모습에 즐거움이 솟구치던 이청춘의 유년 농가 체험이 늦가을 농가의 참새, 씨암탉, 탱자나무 울타리 등의 의미가 선명한 시어 구사로 3수 1편의 연시조를 짜임새 있게 잘 엮었다. 직설적 표현기법으로 시심의 사실성을 보여준다. 거듭 알찬 창작이 기대된다.

> 푸드덕 홰를 치며 새벽닭 우는 소리/ 어둠을 깨우는 주님의 음성이라/ 하늘이 환히 열리며 성근 별 사라지네// 다락논 둘러보러 아버지 나가시고/ 자식놈 쇠죽 끓이고 어머니 밥 짓는 소리/ 실바람 대나무숲에 향수를 몰고 오네// 종갓집 맏며느리 아직 아니 일어났느냐/ 아이들 학교길이 늦을까 걱정 되어/ 개구리 큰 소리 높여 무논에서 울어 댄다.
>
> \- 시조 「새벽」 전문

시계 없는 농촌에 새벽 장닭 울음소리는 새벽잠을 깨우는 시계 구실을 한다. 새벽기도 가는 교인은 닭울음이 마치 주님 음성으로 느껴지기도 한다.

한 농가의 아버지는 다락논에 새벽부터 가고, 자식은 쇠죽 끓이고, 어머니는 식구들 밥을 짓는다. 종가집 며느리나 학교 갈 아이들은 아직 새벽잠에 잠겨 있다. 첫 수에는 새벽닭 우는 소리, 둘째 수는 밥 짓는 소리, 셋째 수는 개구리 소리가 청각적 이미지로 기도가 있는 농촌의 새벽 가정환경을 사실적으로 잘 표현했다.

신앙적 정서가 아름답게 미적 감동을 환기시켜 주고 있다.

이청춘 시인은 서울시 강서구 화곡동의 도시 공간에 거주하면서 「정월 대보름날」의 명절 분위기와 「한가위 엄마 생각」으로 엄마 그리움의 정서를 부각시켰다.

그리고 사는 주거 주변의 공간을 정서적으로 인식하여 「봉제산에 올라」, 「까치산역」, 「가로공원길」 등의 연시조 작품을 창작했다. 시조창작 솜씨의 세련미를 보여 준다. 구별시조를 지양하고 3행 3장 장병시조를 즐겨 창작하고 있다. 보수적 창작 경향을 보여준다. 꾸준히 정진하리라 기대하고 있다.

6. 맺는 말

이청춘 시인은 "모든 사물을 아름답다고 생각하고 보면 더욱 아름다워 보인다며 오늘도 행복을 위해 시를 쓴다."고 밝히고 있다.

대표적 시에서 울타리로 서 있는 탱자나무 가시의지와 고고한 학의 선비정신을 『탱자나무 울타리』 시집에서 잘 보여 주고 있다. 이청춘은 이름마저 이청춘으로 「청춘」 시작품에서 "봄은 생명이므로/ 청춘은 희망의 등불"로 박력 있게 노래했다. 고려가요 「청산별곡」의 얄리얄리 얄라성 후렴을 배경으로 창작된 「산다는 것은」 작품은 신앙시이며, 「내 것」 시에서는 공기, 하늘, 흰 구름, 까치노래, 야생화까지 모두가 내 것이 되므로 이 세상에서 가장 부자로 자처하고 있다. 자연을 사랑하는 부자다. 자연 부자인 이청춘 시인은 지조의 상징인 청솔, 대나무를 사랑하고, 고고한 선비 학(鶴)의 존재로 이청춘 시인은 골고다 예수님 가신 그 언덕을 걷고 있다. 행복의 승리가 닥쳐올 것이다. 이청춘 시인의 시 83편의 시해설 내용을 요약해 보겠다.

첫째, 글과 사람이 하나인 겸손한 시인으로 소재 공간이 자연 인사로 다양하고 넓었다. 특히, 자연을 가슴에 안은 이 세상 부자였다

둘째로 감각적 시어 선택으로 꽃 중심의 자연과 자신의 진지한 인생철학의 언어미학을 감동 넘치게, 작품창작을 무게 있게 잘 엮었다.

셋째로 혼란한 오늘 문단에 성실한 작품 활동과 정몽주, 성삼문 같은 순국 시조시인의 신의와 선비정신을 잘 이어 가람, 노산, 이육사, 윤동주 같은 훌륭한 시인이 되리라 믿는다.

2023년 8월 7일

송골 서재에서 송골 씀

저자와의
협약으로
인지생략

이청춘 시집
탱자나무 울타리

지은이 이 청 춘
펴낸이 이 재 갑
펴낸곳 도서출판 문예사조
등록 2-1071 (1990. 10. 15)

04558 서울시 중구 퇴계로 41길 8 (충무로 4가)
Tel. 02-720-5328, 2272-9095
Fax. 02-2272-9230

http://www.munyesajo.co.kr
e-mail : mysj5328@daum.net

발행일 2023년 8월 30일

잘못된 책은 바꿔 드립니다.

값 10,000 원

ISBN 978-89-5724-287-2